Die 50 besten Streichholzrätsel

Die 50 besten

STREICH

HOLZ

RÄTSEL

Ausgewählt von Kevin Croo

Capt. Swings
geheime Bibliothek

Bibliografische Information der Deutschen Nationalbibliothek: Die Deutsche Nationalbibliothek verzeichnet diese Publikation in der Deutschen Nationalbibliografie; detaillierte bibliografische Daten sind im Internet über dnb.dnb.de abrufbar.

Die 50 besten Streichholz-Rätsel
Auswahl und Bearbeitung durch Kevin Croo.
Herausgegeben von Melanie Koßmann

© 2021 by Melanie Koßmann
Herstellung und Verlag:
BoD – Books on Demand, Norderstedt
ISBN: 9 783755 780618

Jemand greift in seine Hosentasche und holt eine Schachtel Streichhölzer heraus. Dann geht es los; er legt ein paar auf den Tisch oder Tresen, in einer besonderen Anordnung und stellt dir eine Aufgabe, einige Hölzer verlegen oder auch ein paar hinzufügen und dann sollst du eine Lösung finden, die dir zuerst recht einfach vorkommt. Aber dann bleibt ein Streichholz übrig oder fehlt. Jedenfalls entpuppt sich das ganze kniffliger, als gedacht.

In Zukunft bist du derjenige, der die Streichhölzer in der Tasche hat und der schadenfroh grinst, wenn sich dein Tischnachbar das Hirn zermartert, wie das Grundstück des Bauern an seine vier Söhne gerecht aufgeteilt werden soll, oder wie man aus 3 Quadraten 4 macht.

Viel Spaß wünscht Kevin Croo.

1

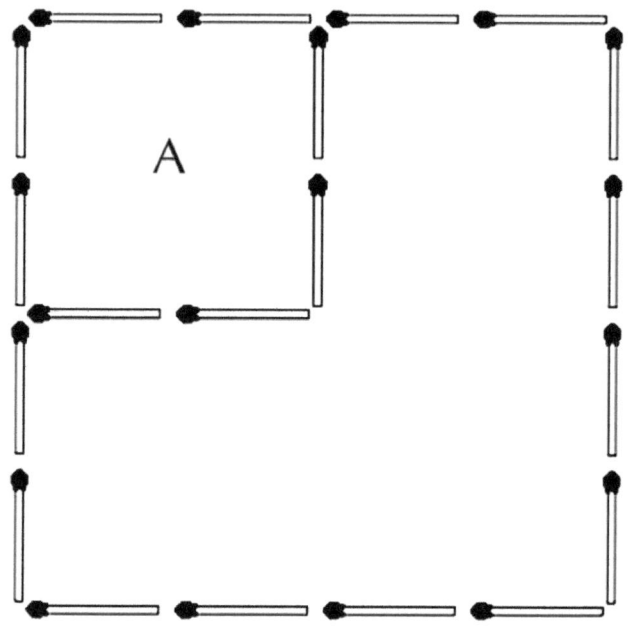

Ein Bauer lebt auf einem Viertel seines Lands, dem mit "A" gekennzeichneten Bereich. Er beschließt, die verbleibenden drei Viertel des Grundstücks unter seinen 4 Söhnen aufzuteilen. Wie kann er das machen, wenn die Fläche und die Form der 4 Höfe genau gleich sein müssen? Du darfst 8 Streichhölzer hinzufügen.

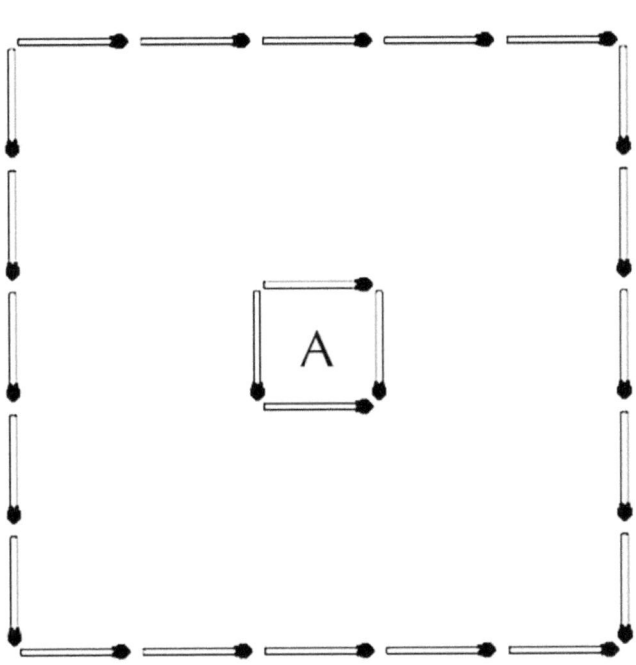

Variation: 8 Söhne 20 Hölzer

3

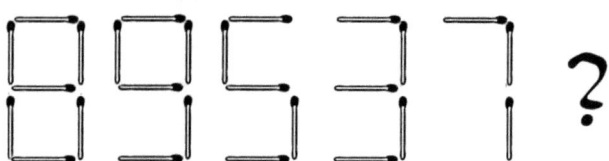 ?

Was ist die nächste logische Zahl?

4

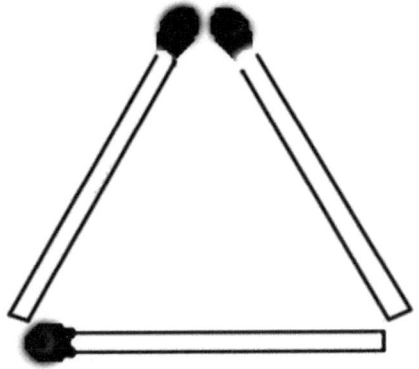

Füge 3 Streichhölzer hinzu, um 4 Dreiecke zu bilden, die alle gleich groß sind. Es müssen nicht alle Streichhölzer flach aufgelegt werden.

Du musst etwas um die Ecke denken.

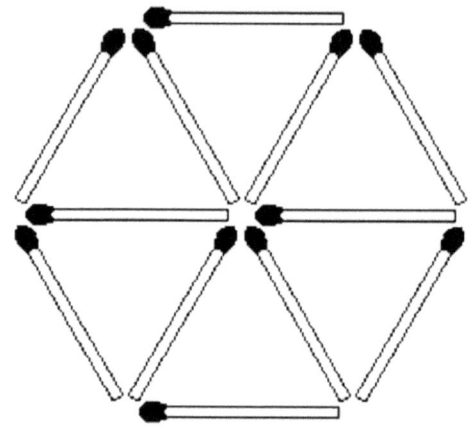

Hier sind 6 Dreiecke. Verschiebe 4 Streichhöl-zer, um die Anzahl auf 3 Dreiecke zu reduzie-ren.

Die Dreiecke müssen nicht alle gleich groß sein.

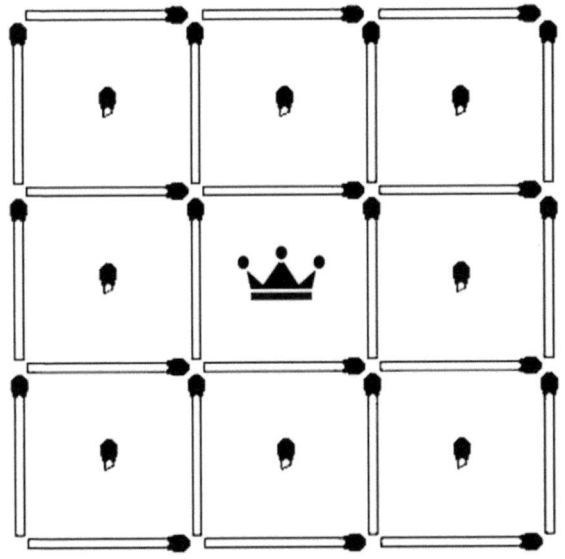

Ein König lebt in seinem Schloss und ist von 8 Wachen umgeben. Jede Außenwand des Schlosses wird von 3 Wachen bewacht.

Der König beschließt, seine Sicherheit zu erhöhen, indem er jede Mauer von 4 Wachen bewachen lässt. Wie kann er dies tun, ohne mehr Wachen einzustellen?

7

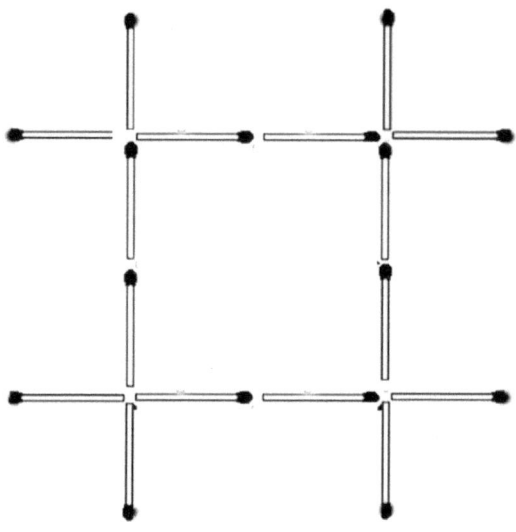

Bewege 6 Streichhölzer, um 2 Quadrate zu bekommen.

8

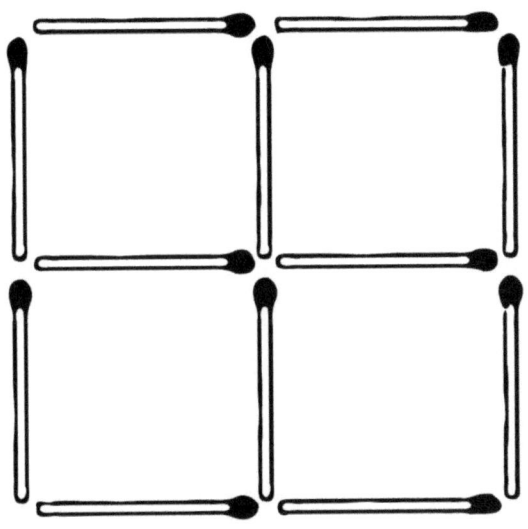

Kannst du 3 Quadrate erzeugen, indem du 4 Streichhölzer verlegst?

Und kannst du es auch mit 3 Streichhölzern?

9

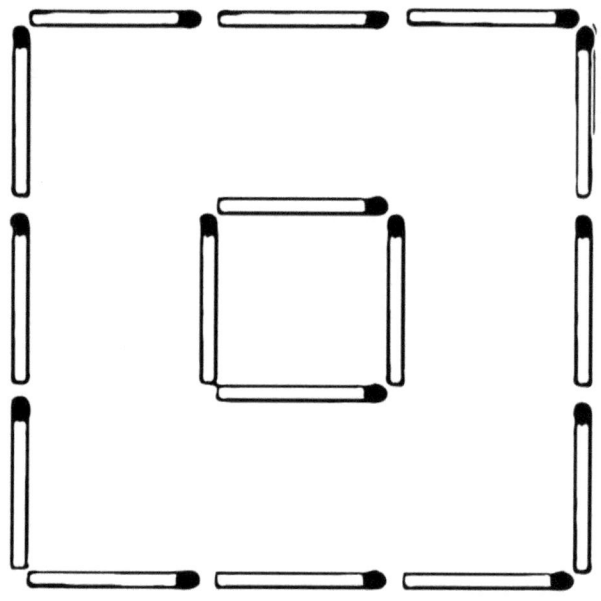

In den 2 Quadraten 4 Streichhölzer verlegen um 3 Quadrate zu erhalten. Wir haben zwei Lösungen.

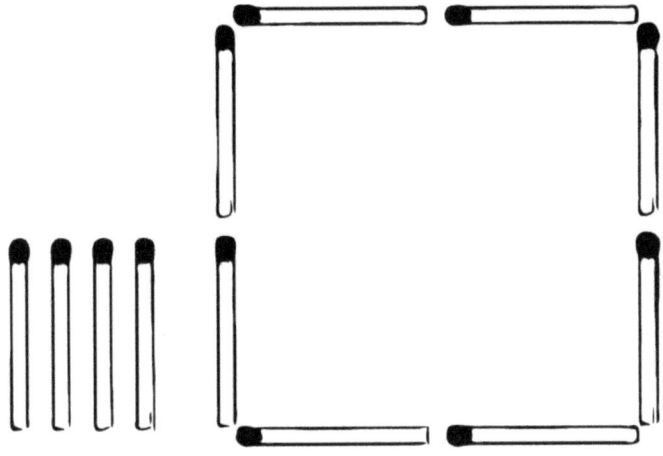

Benutze die vier Streichhölzer, um in dem Quadrat 2 gleich große Felder von gleicher Form zu schaffen.

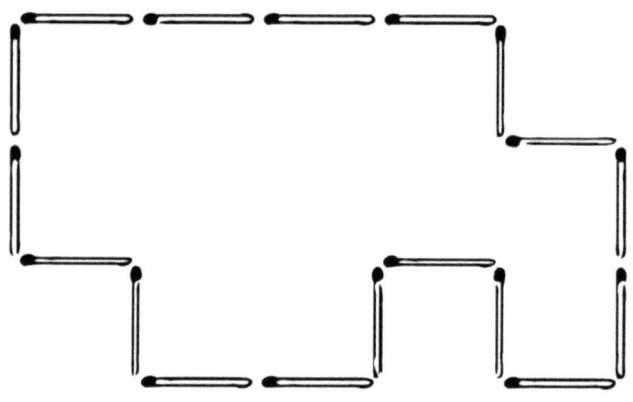

Lege 3 Hölzer dazu und erziele 2 Flächen von gleicher Form und Größe.

12

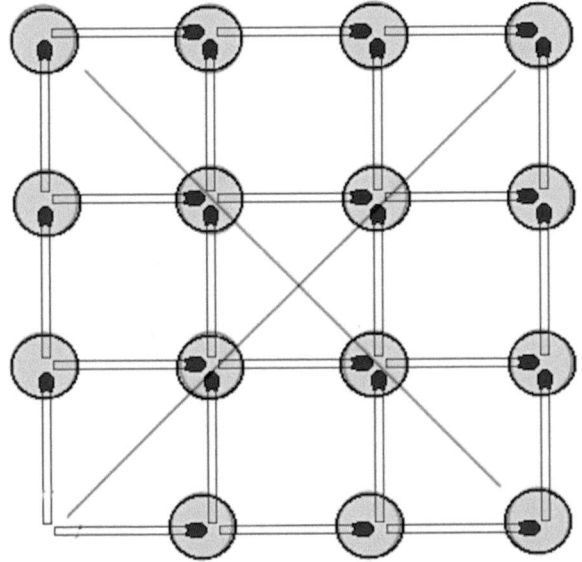

Wir haben 4 senkrechte und 4 waagerechte Reihen sowie 2 Diagonalen. In der linken senkrechten und der unteren waagerechten Reihe liegen nur je 3 Streichholzköpfe, in den anderen Reihen je 7 und auf den Diagonalen je 6 Streichholzköpfe.

Aufgabe: Leg die Hölzer so um, dass in allen Reihen und Diagonalen je 6 Köpfe liegen.

13

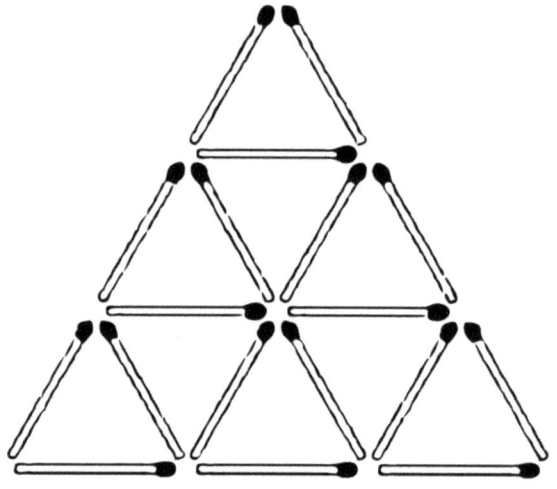

Nimm 6 Hölzer weg, so dass keine Dreiecke übrig bleiben.

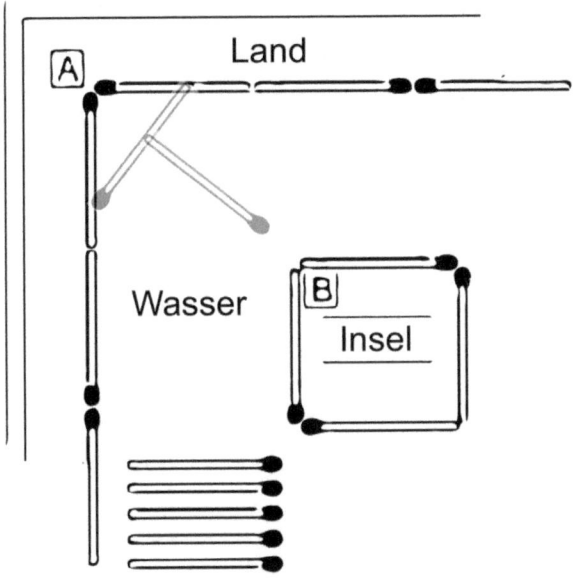

Bau mit den 5 Hölzern eine Brücke zur Insel. Wie du siehst, reichen zwei nicht aus.

15

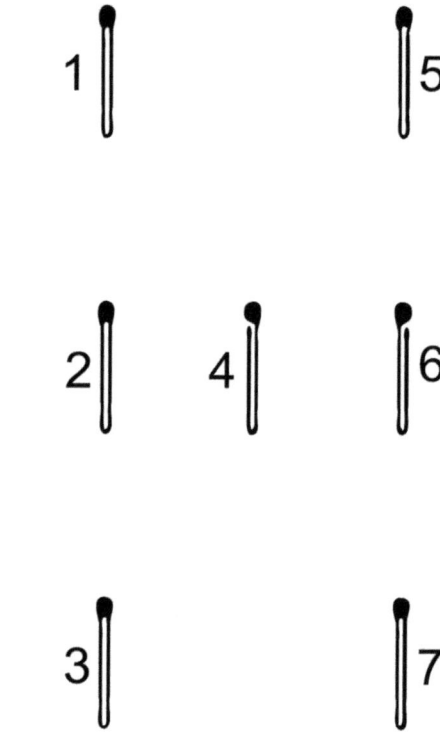

Hier sind 7 Streichhölzer so angeordnet, dass sie eine horizontale Reihe (Streichhölzer 2,4,6), zwei vertikale Reihen (Streichhölzer 1,2,3 und 5,6,7) und zwei diagonale Reihen (Streichhölzer 1,4,7 und 3,4,5) bilden. Man beachte die jeweils 3 Streichhölzer in einer Reihe. Der vertikale und horizontale Abstand zwischen den Streichhölzern beträgt genau ein Streichholz.

Die Herausforderung besteht darin, 2 Streichhölzer hinzuzufügen, so dass es 6 diagonale Reihen, 3 vertikale Reihen und 1 horizontale Reihe gibt, wobei immer noch 3 Streichhölzer in einer Reihe liegen.

16

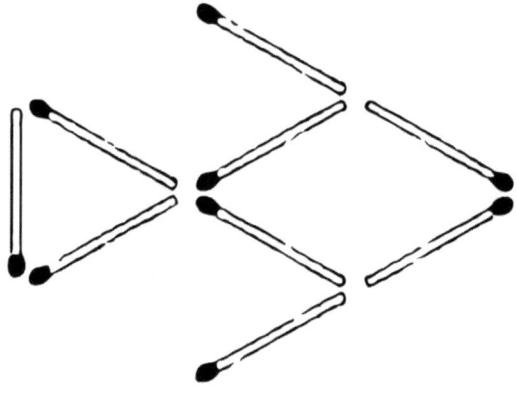

Lege 4 Hölzer um, so dass der Fisch in die entgegengesetzte Richtung schwimmt.

17

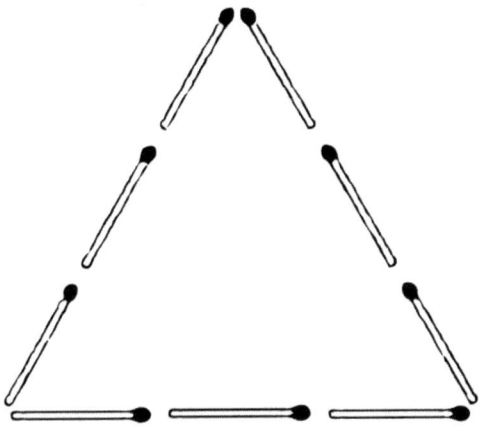

Füge 3 Streichhölzer hinzu und teile damit das Dreieck in 3 gleiche Teile von gleicher Größe und Form.

18

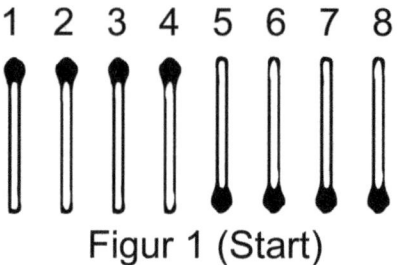

Figur 1 (Start)

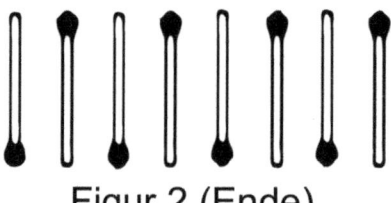

Figur 2 (Ende)

Lege 8 Hölzer wie in Abbildung 1 gezeigt. Die Aufgabe besteht darin, wie in Abbildung 2 gezeigt zu enden. Benachbarte Hölzchen zeigen in entgegengesetzte Richtungen.

Beginne damit, dass du 2 benachbarte Hölzchen aufnimmst und sie neben die anderen legst (links oder rechts vom Layout) und fahre damit fort, bis du das in Abbildung 2 gezeigte Layout erreichst. Beim Verschieben der 2 Hölzchen gelten folgende Regeln:

1. Die 2 Hölzer müssen gleichzeitig verschoben werden.
2. Die 2 Hölzer, die du bewegst, müssen nebeneinander liegen.
3. Die 2 Hölzer, die du bewegst, dürfen nicht vertikal gedreht werden.
4. Die 2 Hölzer, die du bewegst, dürfen ihre Position zueinander nicht verändern.

Es gibt mehr als eine Lösung.

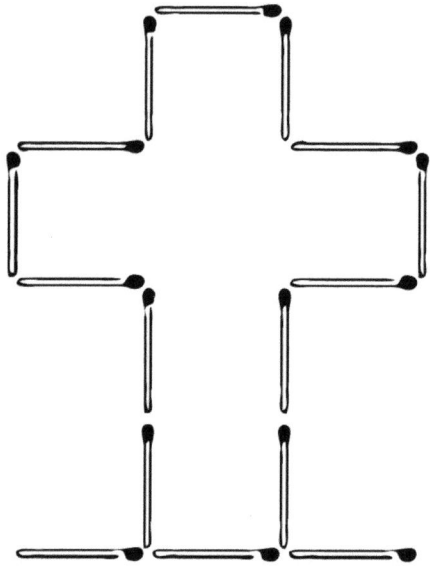

In der obigen Anordnung gibt es keine Quadrate. Bewege 4 Streichhölzer, um das Kreuz in 4 gleich große Quadrate zu verwandeln.

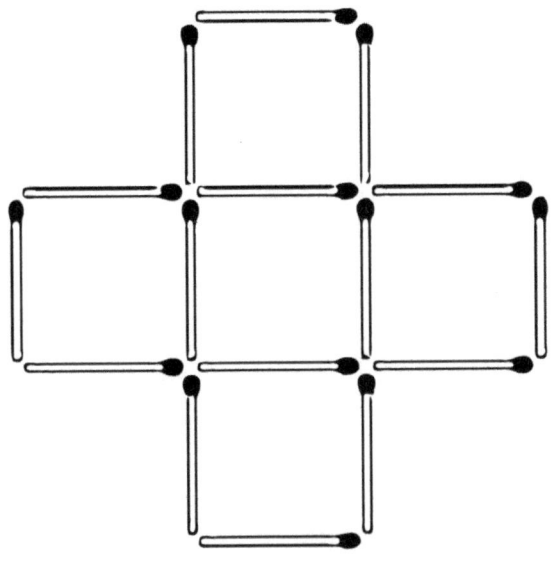

Hier sind 5 Quadrate zu sehen. Bewege 4 Streichhölzer um 3 Quadrate zu schaffen. Die 3 müssen nicht alle gleich groß sein.

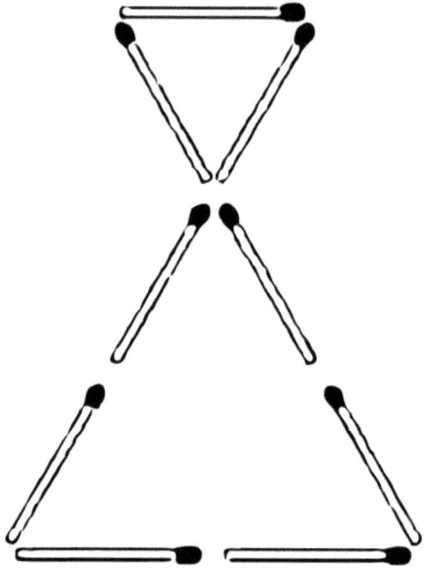

In der obigen Abbildung ist eine Sanduhr zu sehen, die aus zwei gleichseitigen Dreiecken besteht. Bewege 4 Streichhölzer, um die Sanduhr
auf den Kopf zu stellen.

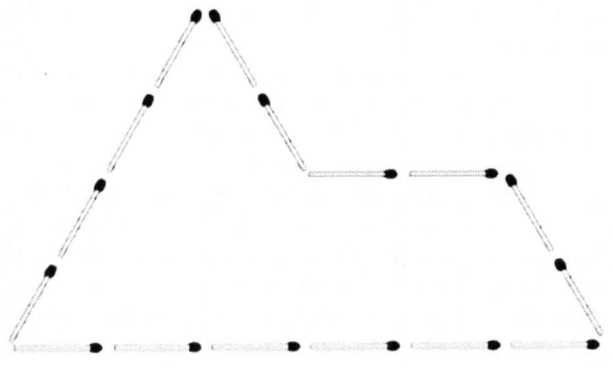

Füge 8 Hölzer hinzu, um die obige Figur in 4 gleich große und gleich geformte Teile zu teilen.

23

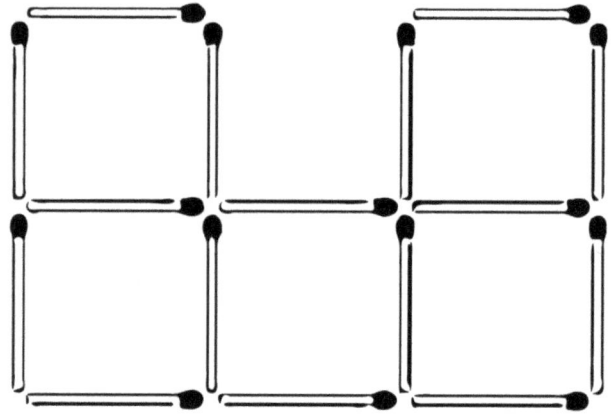

Bewege 3 Streichhölzer so, dass 4 gleich große Quadrate entstehen.

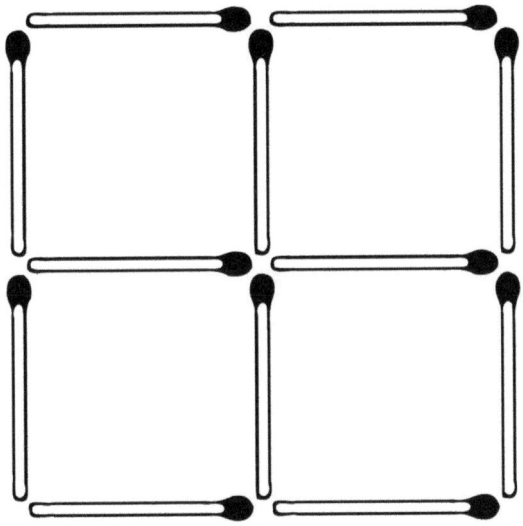

Drei Streichhölzer wegnehmen und zwei umle-
gen, so dass 3 Quadrate gleicher Größe entstehen.

25

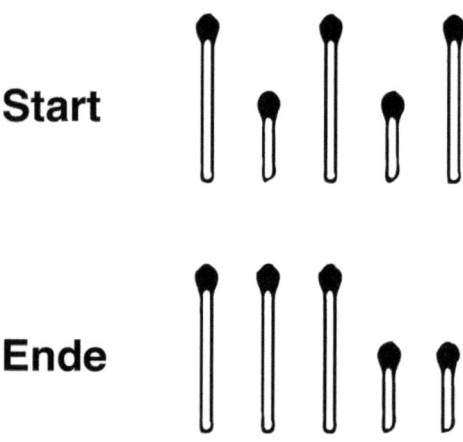

Start

Ende

Die Herausforderung besteht darin, die Streichhölzer so zu platzieren, wie in "Start" oben gezeigt, und sie dann so zu verschieben, dass am
Ende 3 lange Streichhölzer nebeneinander und
2 kurze Streichhölzer nebeneinander liegen.
(Wie in "Ende" oben gezeigt)

Beim Verschieben der Streichhölzer gelten die folgenden Regeln:

1. Zwei Streichhölzer müssen gleichzeitig verschoben werden.

2. Die beiden Streichhölzer müssen ein langes und ein kurzes sein.

3. Die beiden Streichhölzer dürfen beim Bewegen nicht die Positionen tauschen.

4. Die beiden Streichhölzer, die du zum Verschieben aufnimmst, müssen nebeneinander liegen.

Kannst du dies in 4 Schritten erreichen?

Gruppe 1

Gruppe 2

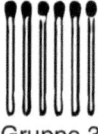
Gruppe 3

Die Aufgabe dieses Rätsels besteht darin, 3 Gruppen mit je 8 Hölzern zu erreichen.

Es gibt 11 Hölzer in Gruppe 1, 7 Hölzer in Gruppe 2 und 6 Hölzer in Gruppe 3. Die Hölzer müssen von einer Gruppe zu einer anderen bewegt werden. ABER, die Anzahl der zu bewegenden Hölzer wird bestimmt von der Zahl in der Empfangenden Gruppe.

Zum Beispiel wenn du Hölzer von Gruppe 1 zu Gruppe 3 bewegen willst, musst du 6 nehmen, da in Gruppe 3 nur 6 Hölzer sind.
Schaffst du es in nur 3 Schritten?

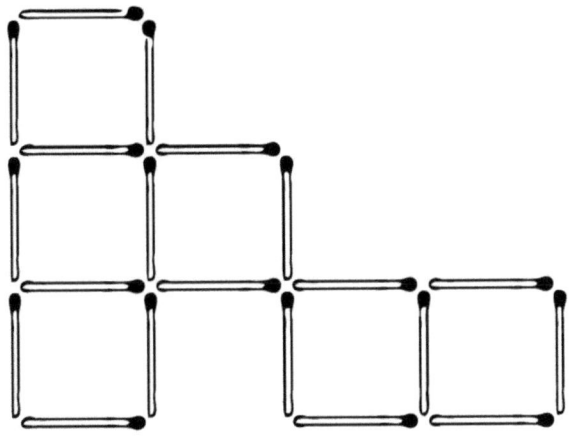

Hier sind 6 Quadrate. Bewege, nicht entferne, 3 Streichhölzer, so dass nur noch 5 Quadrate übrig bleiben.

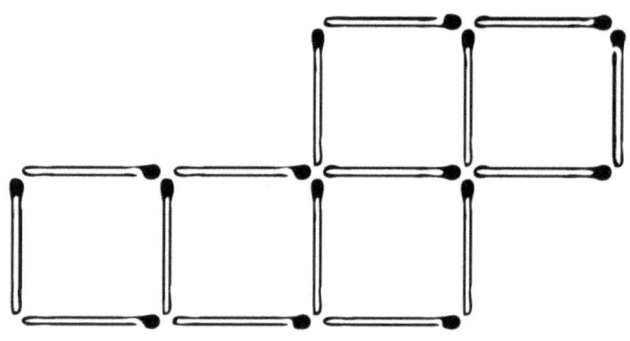

Hier hast du 5 Quadrate und du sollst nur 2 Hölzer bewegen, um 4 Quadrate gleicher Größe zu erhalten.

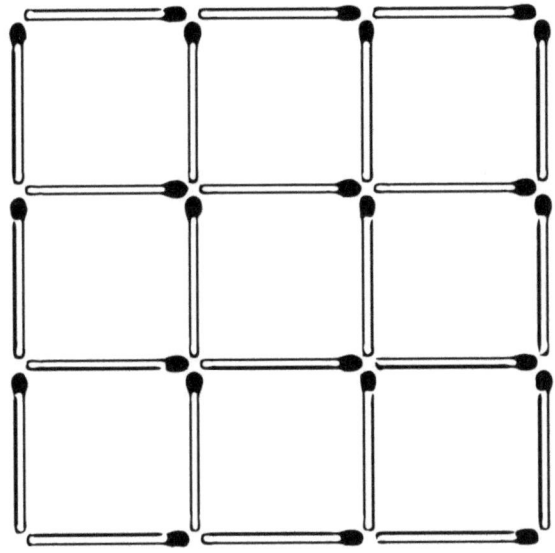

Bewege 8 Streichhölzer, um 3 Quadrate unterschiedlicher Größe zu erhalten.

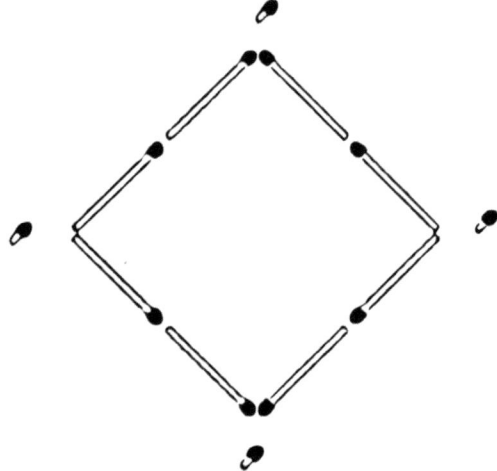

Das Bild zeigt einen Swimmingpool und vier Bäume. Der Pool ist anhand der Hölzer 4 Quadrateinheiten groß. Der Besitzer möchte einen mehr als doppelt so großen Pool, aber das Gartenbauamt verbietet, die Bäume zu fällen. Du darfst außer den Bäumen alles ändern und 4 zusätzliche Hölzer nutzen.

31

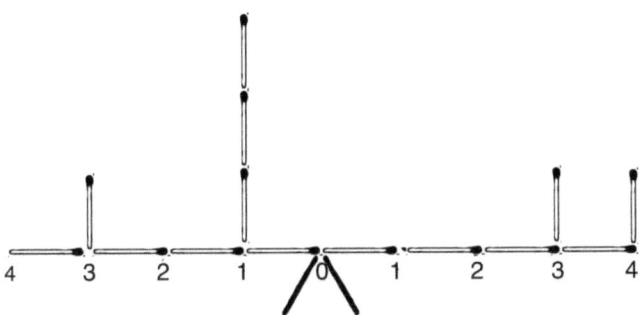

Die senkrechten Hölzer haben alle das gleiche Gewicht. Um das Gleichgewicht der Waage herzustellen, musst du nur 1 Holz bewegen. Wie machst du das?

32

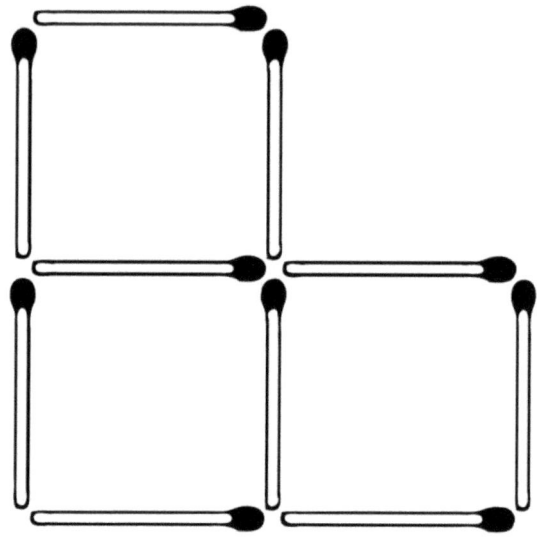

Bewege 2 Hölzer und schaffe damit 2 Quadraten und 5 Rechtecke, Alle Hölzer müssen flach aufliegen.

33

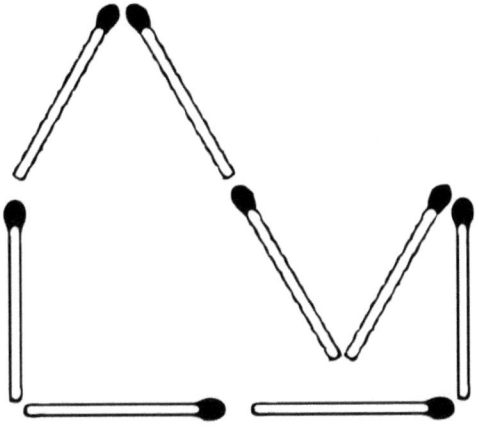

Teile mit 2 Streichhölzern die Figur in 2 gleiche Hälften von gleicher Form und Größe.

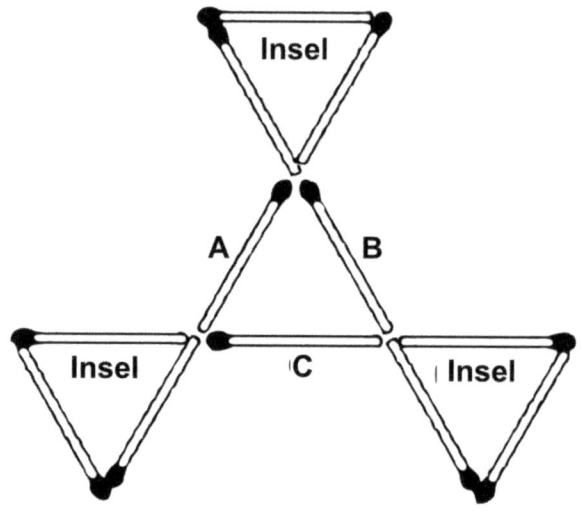

Wir sehen drei Inseln. Wir haben drei Hölzer A, B und C um die Inseln miteinander zu verbinden. Aber wir sehen auch, dass die Hölzer zu kurz sind. Wie kannst du mit den drei Hölzern eine tragfähige Verbindung bauen zwischen allen drei Inseln. Die Hölzer dürfen nicht das Wasser berühren.

35

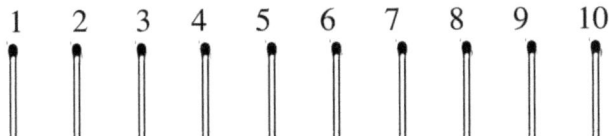

Es geht darum, am Ende 5 gekreuzte Paare zu haben. Die Regel lautet, ein Holz aufzunehmen, zwei Hölzer zu überspringen, nach links oder rechts, und auf das dritte Holz zu legen. Zum Beispiel das 3 Holz aufnehmen, nach rechts das 4. und 5. überspringen und auf das 6. legen. Beachte, ein gekreuztes Paar überspringen zählt zwei Hölzer.

Schaffst du es in 5 Zügen?

Es gibt mehrere Lösungen.

36

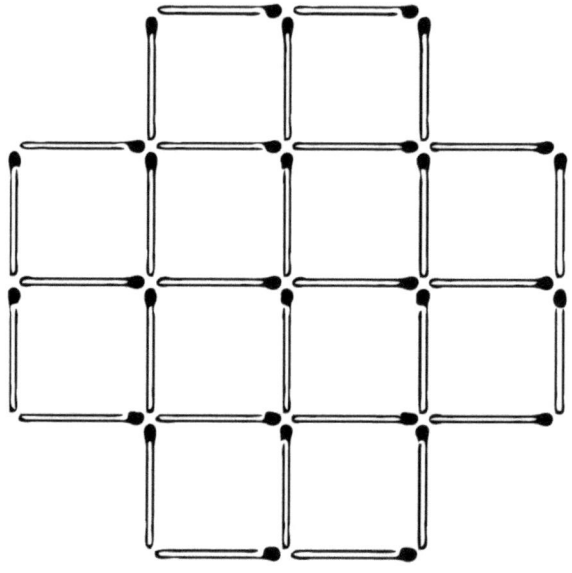

Bewege 8 Hölzer um 10 Quadrate zu erzielen.
Sie müssen nicht alle die gleiche Größe haben.

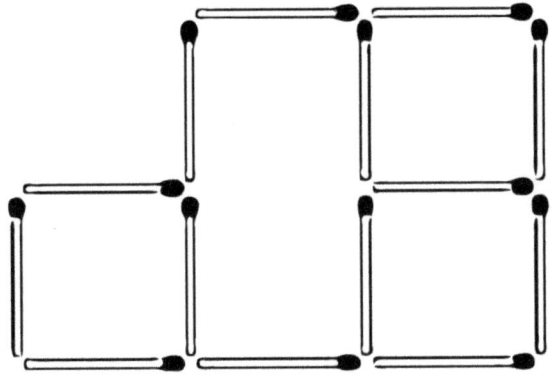

Wir haben 4 Quadrate in zwei verschiedenen Maßen. Lege 2 Hölzer um und erziele 2 Quadrate von gleicher Größe.

38

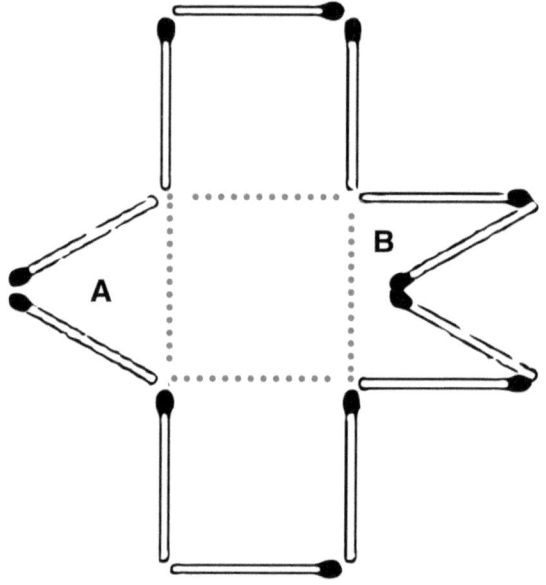

Eine harte Nuss. Die Abbildung zeigt eine Fläche von 4 Streichholzquadraten. A und B zu-
sammen ergeben ein Quadrat.

Die Aufgabe besteht darin, aus den gegebenen
12 Streichhölzern die Fläche von 2 Quadraten
zu bilden. Wohl gemerkt, 2 Quadrate mit der
Seitenlänge von einem Streichholz.

Alle Hölzer liegen flach auf.

39

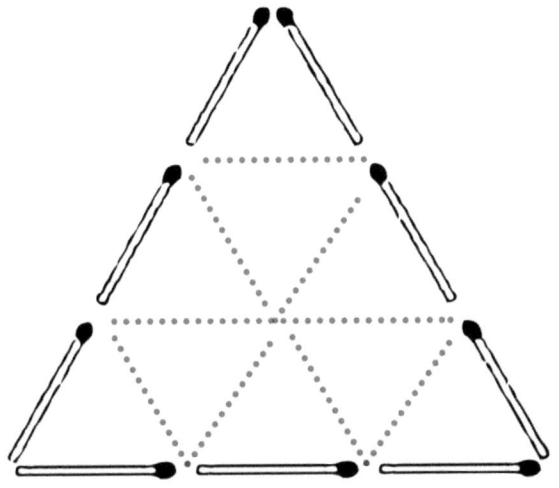

Das Dreieck besteht aus 9 Einheiten. Bewege 4 Streichhölzer um die Fläche auf 5 Einheiten zu reduzieren.

40

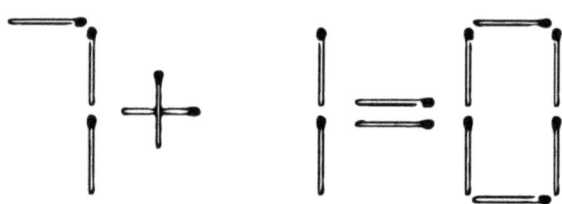

Indem du ein Streichholz bewegst, kannst du die Rechnung korrigieren: 7 - 7 = 0.

Aber kannst du es auch, indem du 2 Hölzer verlegst?

41

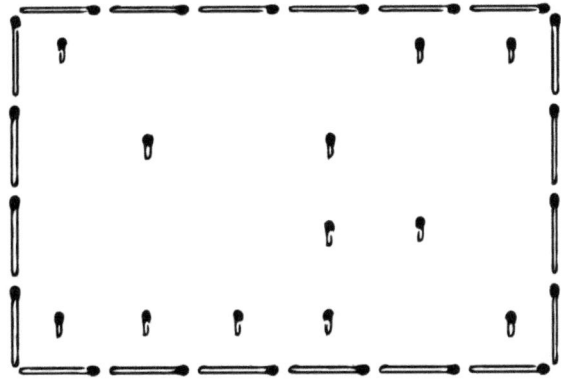

Auf diesem Grundstück stehen 12 Obstbäume. Es sollen sechs Gärten von gleicher Größe und Form angelegt werden und jeder Garten soll zwei Bäume haben. Du kannst beliebig viele Hölzer zur Unterteilung benutzen.

42

Erkennst du die Logik in dieser Anordnung und kannst du das Fragezeichen ersetzen?

43

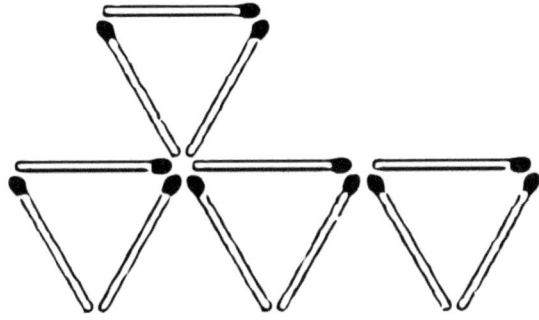

Bewege 4 Hölzer um 2 Dreiecke zu bilden. Beide müssen von gleicher Größe sein. Keine weiteren Dreiecke bleiben übrig.

44

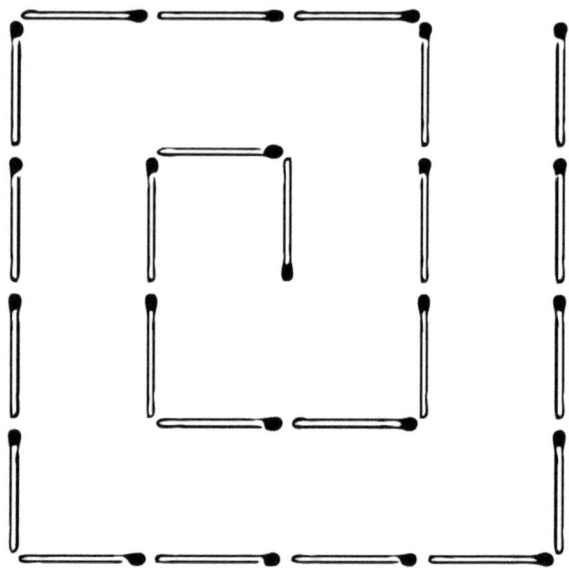

Lege 3 Hölzer um, sodass 3 unterschiedlich große Quadrate entstehen.

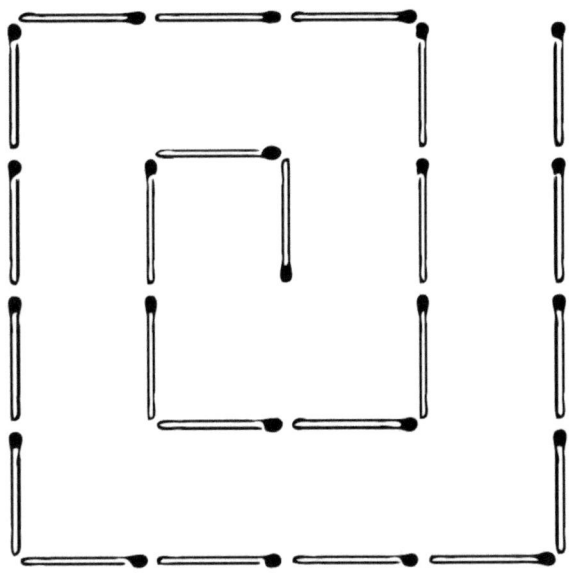

Lege 2 Hölzer um, sodass 2 unterschiedlich große Quadrate entstehen.

46

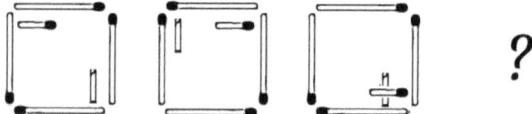

Welches ist das nächste logische Quadrat?

47

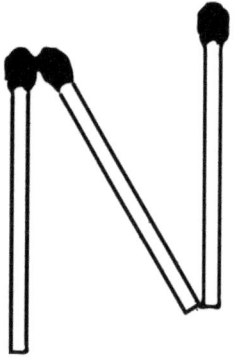

Hier siehst du kein einziges Dreieck. Wie kannst du mit 2 Streichhölzern 7 Dreiecke schaffen, ohne die 3 vorhandenen Hölzer zu bewegen?

48

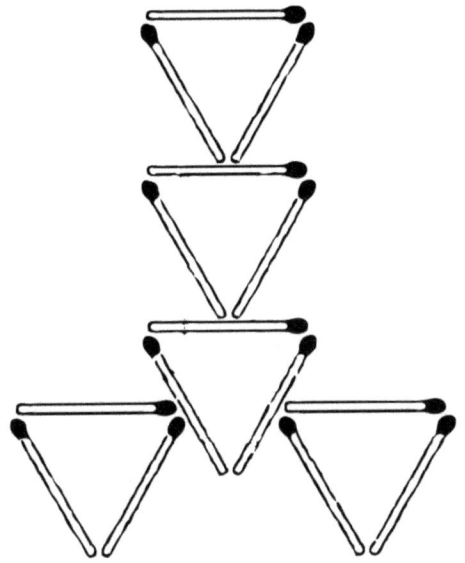

Hier liegen 5 gleich große Dreiecke aus 15 Streichhölzern. Die Aufgabe besteht darin, 3 Hölzer zu verlegen, um 10 Dreiecke in zwei verschiedenen Größen zu erhalten. Es sind folgende Regeln zu beachten:

- Alle Hölzer liegen flach auf dem Untergrund
- Kein Holz darf gebrochen werden.

49

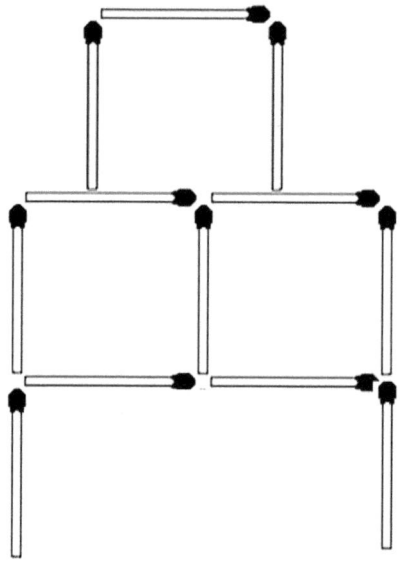

In der Abbildung sind nur 3 Quadrate zu sehen. Verschiebe 2 Hölzer, um 4 Quadrate zu bilden, die alle gleich groß sind.

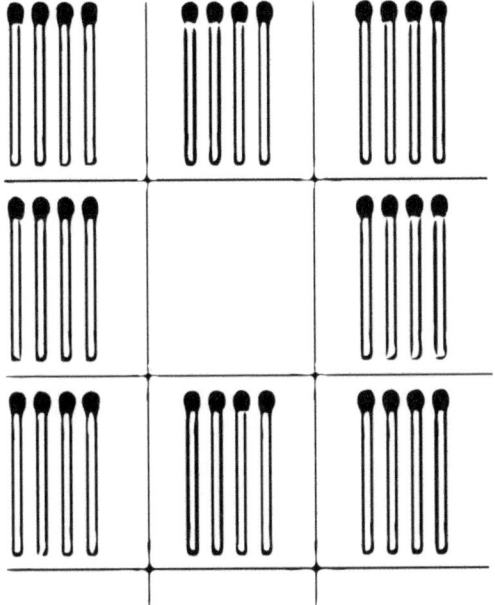

Es liegen 12 Hölzer in der oberen und unteren horizontalen Reihe und 12 Hölzer in der rechten und linken vertikalen Reihe. Du sollst 4 Hölzer entfernen und die anderen so arrangieren, dass immer noch 12 Hölzer in jeder Reihe liegen.

LÖSUNGEN

1

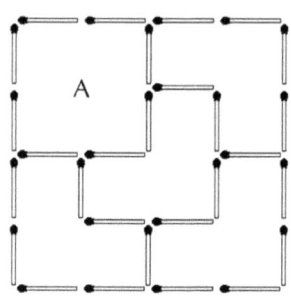

2

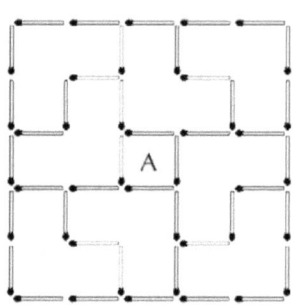

3

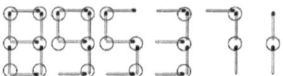

Jede Zahl hat einen
Verbindungspunkt weniger
als die vorhergehende.

4

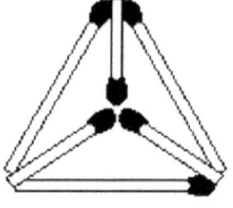

5

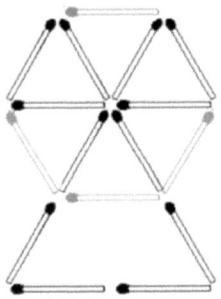

6

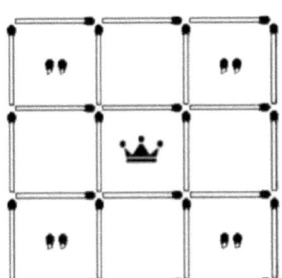

7

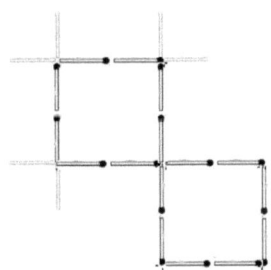

8

A

B

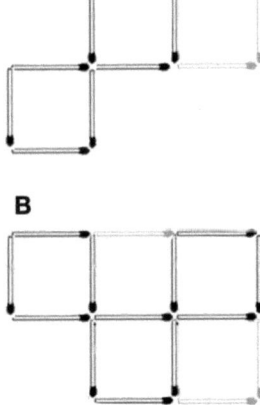

9a

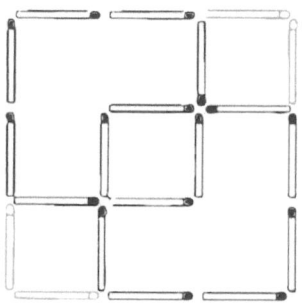

9b

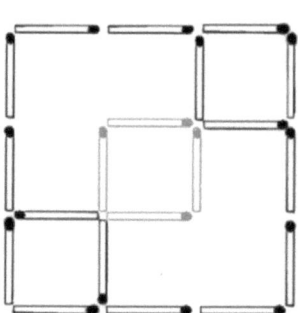

10

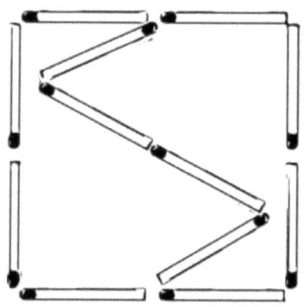

11

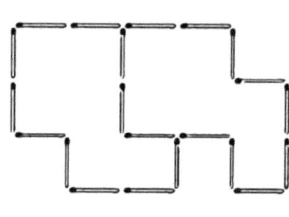

12

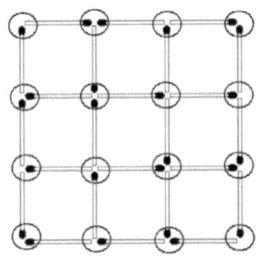

13

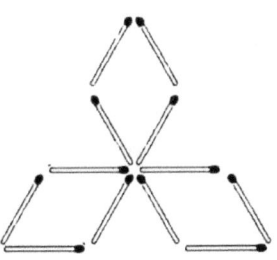

14

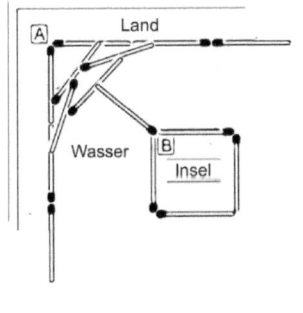

Land

A

Wasser

B

Insel

15

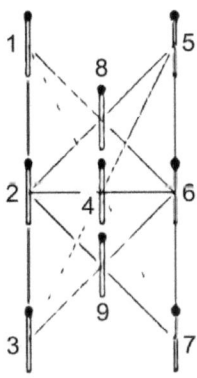

16

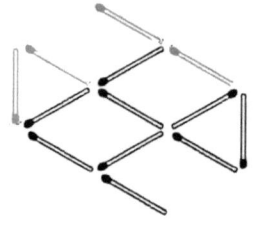

17

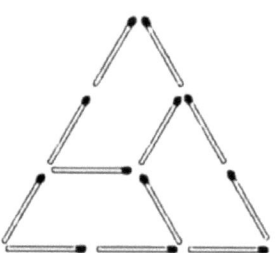

18

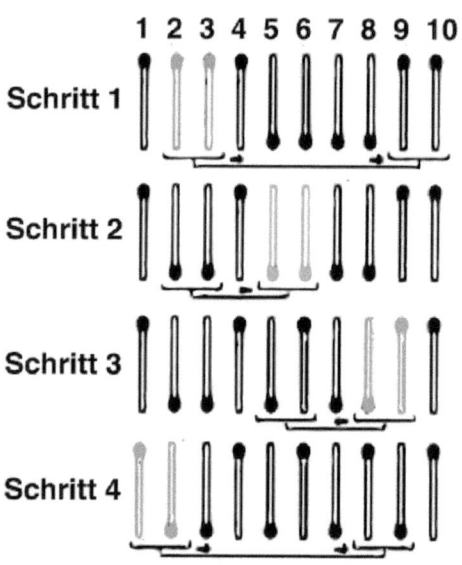

19

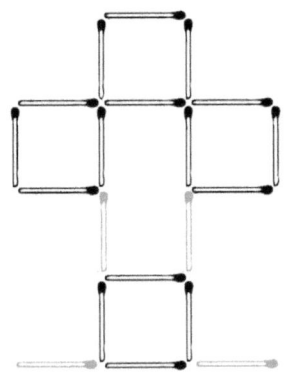

20

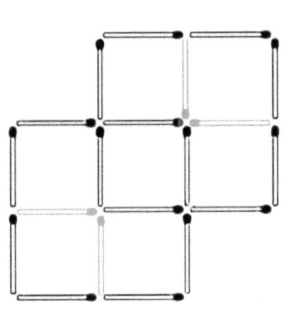

21

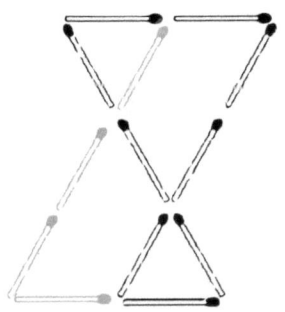

22

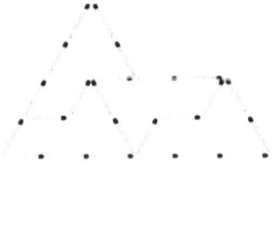

23

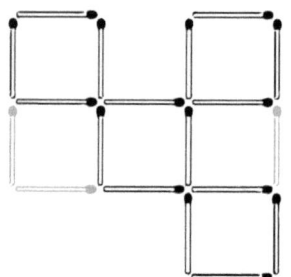

24

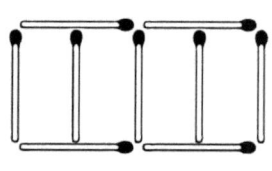

25

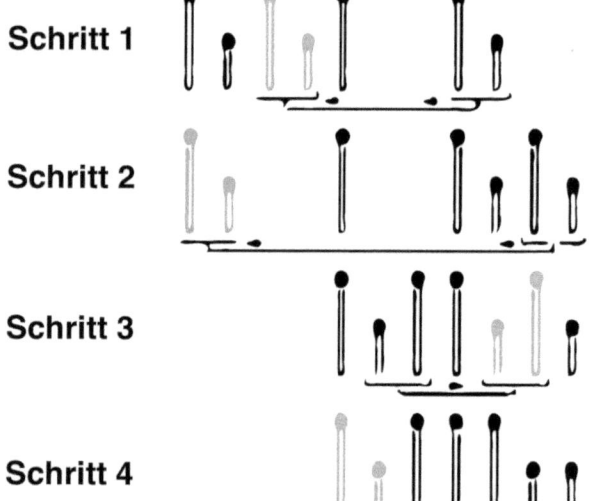

Schritt 1

Schritt 2

Schritt 3

Schritt 4

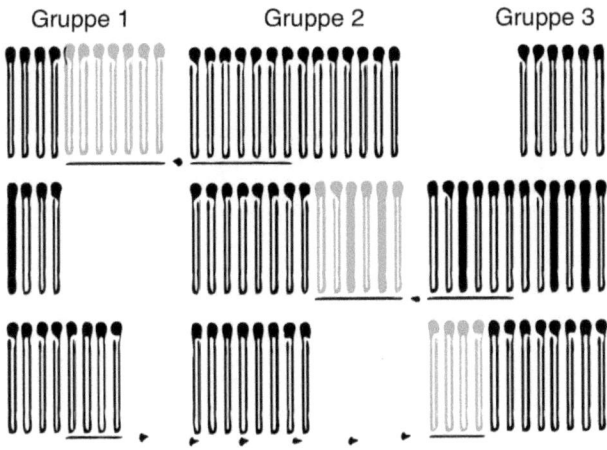

26

Bewege 7 Hölzer von Gruppe 1 zu Gruppe 2.

Bewege 6 Hölzer von Gruppe 2 zu Gruppe 3

Bewege 4 Hölzer von Gruppe 3 zu Gruppe 1

27

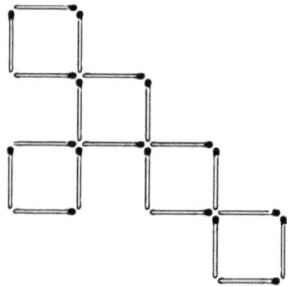

28

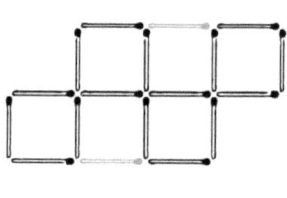

29

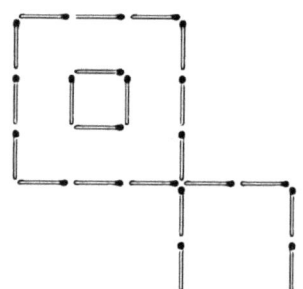

30

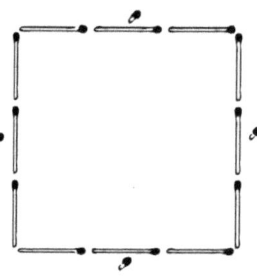

Der neue Pool ist 9
Quadrateinheiten groß.

31

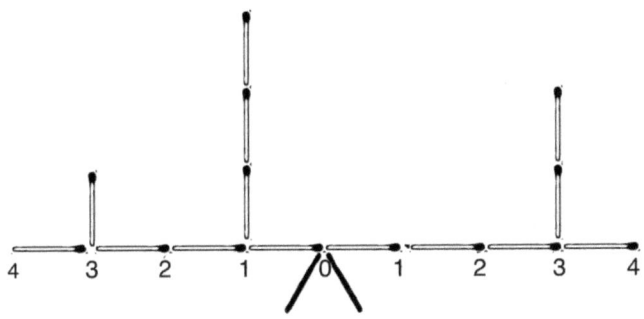

Auflösung: In der Ausgangssituation sind links von der Mitte (3x1) + (1x3) = 6 Einheiten
Rechts von der Mitte sind (3x1) + (4x1) = 7 Einheiten.

In der Lösung sind nun auch rechts (3x2) = 6 Einheiten.
Gleich mit links.

32

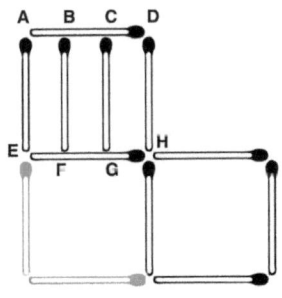

Die beiden Quadrate sind klar zu erkennen. Die 5 Rechtecke sind:

1. ABFE;
2. BCGF;
3. CDHG;
4. ACGE;
5. BDHF

33

34

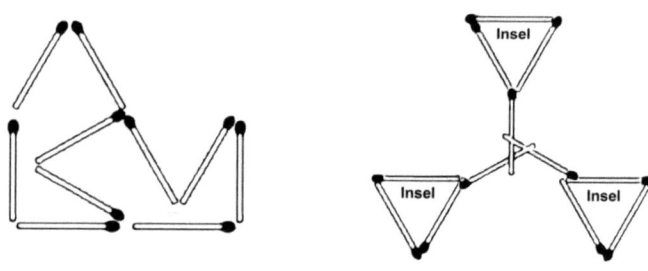

35

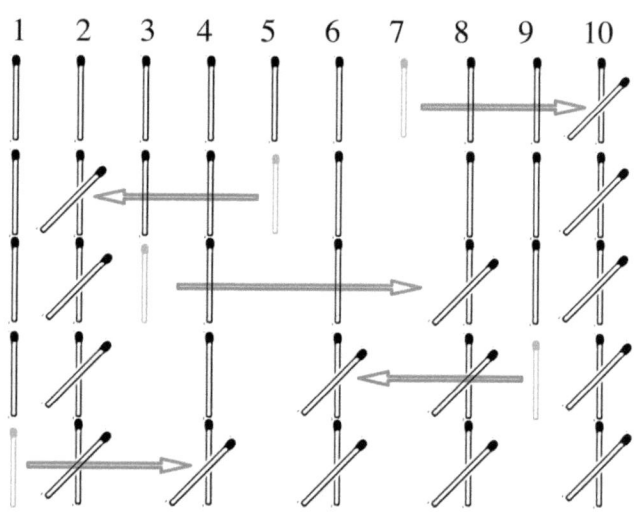

36

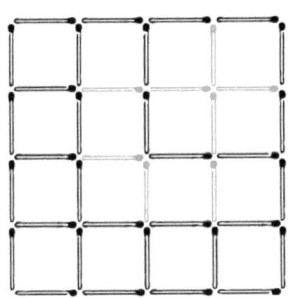

37

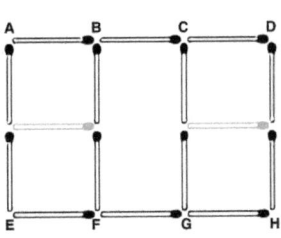

Die beiden Quadrate
gleicher Größe sind
ACGE und BDHF

38

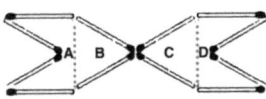

Wenn du von selbst diese
Lösung gefunden hast,
bist du genial.

39

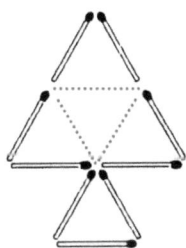

40

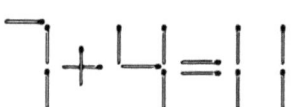

41

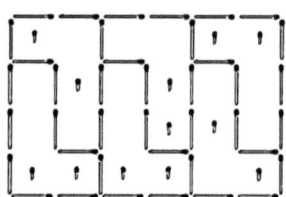

42

43

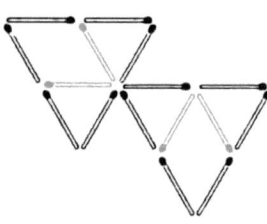

44

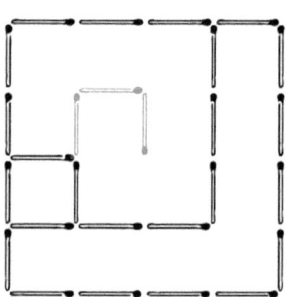

45

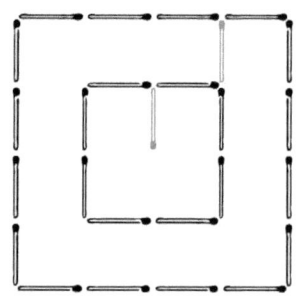

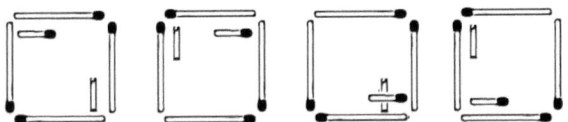

1. Die 4 äußeren Hölzer drehen sich jeweils um eine Ecke weiter.

2. Das gebrochene Streichholz mit Kopf bewegt sich im Uhrzeigersinn jeweils um eine Ecke weiter, bleibt in der horizontalen Position

3. Das gebrochene Holz ohne Kopf bewegt sich im Uhrzeigersinn jeweils um 2 Ecken weiter bzw springt vertikal im Wechsel von rechts unten nach links oben und zurück.

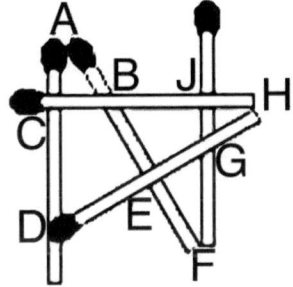

Die 7 Dreiecke sind:
ABC; AED; EGF; BJF; JHG; BHE; CHD

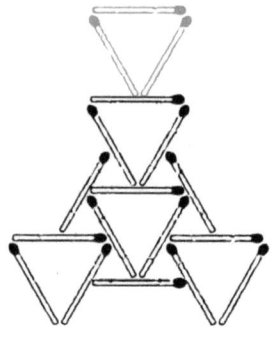

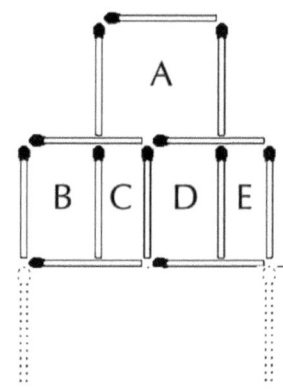

50

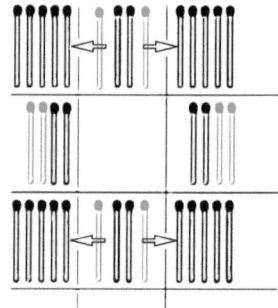

Du entnimmst jeweils 2 Hölzer der rechten und linken mittleren Reihe und verschiebst in der Mitte oben und unten jeweils 2 Hölzer so, wie von den Pfeilen angezeigt.

Weitere Bücher aus
Capt. Swings Geheimer Bibliothek

Das unmögliche Ausmalbuch

100 geometrische Figuren,
die dich in den Wahnsinn treiben.

ISBN 9 783755 736875   9,95 €

Latein für Alle

Latein ist eine alte Sprache, eine tote Sprache, eine Sprache für Akademiker, die sich damit wichtig tun. Wozu Latein? Nun, um sich auch wichtig zu tun? Oder die Wichtigtuer zu verstehen und ihnen vielleicht sogar Kontra geben zu können.

Paperback 70 Seiten
ISBN-13: 9783755700265
7,95 €

Das LSD Tattoo
und andere urbane Legenden

Die modernen Märchen, Geschichten die zu schön sind um nicht wahr zu sein.

Paperback 72 Seiten
ISBN-13: 9783755710998
7,95 €

Altes Brot

Melanie Koßmann zeigt mit 50 Rezepten, wie man altes Brot in köstliche Speisen verwandelt.
Man kann alte Brotreste in Vorspeisen, Hauptgerichten, beilagen sowie Desserts hervorragend weiter verwerten.

Paperback 110 Seiten
ISBN-13: 9783755700920
9,95 €

Das kleine Bruschetta-Buch
Die 40 besten Rezepte

Bruschetta war in früheren Zeiten ein „Arme- Leute-Essen" und ist ein italienisches Antipasti. Es gibt unzählige Variationsmöglichkeiten, von einfach bis extravagant, von traditionell bis zu Gourmet-Crostinis.

Paperback 96 Seiten
ISBN-13: 9783755701279
9,95 €

Liköre selbst gemacht

Selbst gemachter Likör ist immer ein wundervolles Geschenk aus der Küche, welches von Herzen kommt!
Wenn der Likör dann noch in der einer phantasievollen Flasche mit selbstgemaltem Etikett steckt, ist er ein echtes liebevolles Unikat.

Paperback 88 Seiten
ISBN 9 783755 715504
8,95 €

Ballonspiele

Du kennst mich schlaff, du kennst mich rund, ich mache alle Feste bunt.

Jetzt hol tief Luft und pust´ mich auf, denn spielen kannst du mit mir auch!

Paperback 72 Seiten
ISBN 9 783755 716587
7,95 €

Yi Jing Das chinesische Weisheits- und Orakelbuch

Das Yi Jing, das Buch der Wandlungen, ist in einer Sprache voller Symbole und Andeutungen verfasst. Für den westlichen Leser oft völlig unverständlich. Die Witwe Cheng hat sich selbst die Texte in knappen Versen notiert. Mit klaren Aussagen.

Paperback 88 Seiten
ISBN 9 783755 716594
9,95 €

Achtsamkeit
30 Methoden Dein Leben zu verbessern
Melanie Koßmann

Achtsamkeit bedeutet den Moment bewusst wahrnehmen. In Konzentration im Augenblick verweilen.

Paperback 78 Seiten
ISBN 9783755761617
8,95 €

Capt. Swings
Geheime Bibliothek